MARKO SIMSA
SILKE BRIX

Peter und der Wolf

Sinfonisches Märchen für Kinder
von Sergej Prokofjew

JUMBO

Liebe Leserin, lieber Leser!

Wir wollen dir eine sehr bekannte Geschichte erzählen.
Sie heißt „Peter und der Wolf“.
Das Besondere dieser Geschichte ist: Sie wird nicht nur mit der Stimme erzählt, sondern auch mit Musik. Vor mehr als 50 Jahren hat sich der russische Musiker und Komponist Sergej Prokofjew die Geschichte ausgedacht und gleich auch die Musik dazu komponiert!
Für jedes Tier und auch für Peter und für den Großvater gibt es eine eigene Melodie und eigene Instrumente.

Die Musik wird von einem Orchester gespielt. Ein Orchester besteht aus vielen Musikerinnen und Musikern mit ihren Instrumenten. Da gibt es Streichinstrumente, Holz- und Blechblasinstrumente und Schlaginstrumente. Und schließlich gibt es noch den Dirigenten, der vor dem Orchester steht, meist hat er einen Taktstock in der Hand. Mit den Bewegungen seiner Hände und Arme und auch mit seinem Gesichtsausdruck zeigt er den Musikerinnen und Musikern, wie sie spielen sollen. Manchmal bewegt er beim Dirigieren auch seinen Kopf und seinen ganzen Oberkörper.
Der Dirigent zeigt dem Orchester, wann es beginnen soll zu musizieren und wann es wieder aufhören soll. Er zeigt auch, ob die Musik laut oder leise, ob sie schnell oder langsam, ob sie eher sanft oder ob sie sehr energisch klingen soll.

Die Streichinstrumente für die Melodie von Peter

Track 03

Peters Melodie wird von der Familie der Streichinstrumente gespielt. Jedes Streichinstrument hat vier Saiten. Wenn der Musiker spielt, streicht er mit dem sogenannten Bogen über die Saiten. Die Saiten beginnen zu schwingen, das heißt, sie zittern ganz schnell hin und her, und erzeugen dabei die Töne. Das kleinste Streichinstrument ist die Geige, oder auch Violine genannt. Ein bisschen größer als die Geige ist die Bratsche, sie heißt auch Viola. Weil sie größer als die Geige ist, klingt sie ein bisschen tiefer. Viel größer als die Geige und die Bratsche ist das Violoncello, kurz Cello genannt. Das klingt schon viel tiefer. Und am tiefsten klingt das größte Streichinstrument, der Kontrabass. Er klingt fast schon ein bisschen brummig. Von den Kontrabässen, den Violoncelli und von den Bratschen kommt die Begleitung zu Peters fröhlicher Geigenmelodie. Aufmerksame Musikdetektive werden heraushören, dass das Thema von Peter zu Beginn der Geschichte nur von den Geigen gespielt wird, während seine Melodie von den anderen Streichinstrumenten gut unterstützt wird!

Fröhlich balanciert Peter auf der Gartenmauer.

Das Fagott für den Großvater

Für den Großvater gibt es auch ein eigenes Instrument, das Fagott. Das Fagott klingt wie der Kontrabass sehr tief und brummig. In unserem Orchester ist es das größte Holzblasinstrument. Der Großvater ist schon ein älterer Herr. Er geht mit schweren Schritten, und immer, wenn etwas Gefährliches passieren könnte, bekommt er ein ernstes Gesicht und sagt: „Was dann?!?“

Track 04

Die Querflöte für den kleinen Vogel

Track 05

Würde die Querflöte die Melodie des Großvaters spielen, dann würde dabei wohl niemand an einen älteren, gemächlichen Herrn denken. Deshalb soll die Querflöte mit ihrem hohen und hellen Klang auch nicht den Großvater unserer Geschichte spielen, sondern den kleinen Vogel. Der kleine Vogel ist ein sehr fröhlicher Kerl. In seiner Melodie kannst du gut hören, wie aufgeweckt und lustig er zwitschert. Immer wieder kannst du seine helle Stimme in unserer Geschichte heraushören. Sogar dann, wenn er sich mit der Ente einen wilden Streit einhandelt. Querflöten werden heute meist aus silberglänzendem Metall gebaut. Weil sie aber früher aus Holz hergestellt wurden, zählen sie auch heute noch zur Familie der Holzblasinstrumente.

Die Oboe für die Ente

Die Melodie der quakenden Ente wird von der Oboe gespielt.
Die Oboe gehört auch zu den Holzblasinstrumenten. Im Gegensatz zur Querflöte wird sie auch heute noch aus Holz gebaut.
Zu Beginn unserer Geschichte hat die Ente eine sehr ruhige Melodie, denn da schwimmt sie gemütlich in dem kleinen Teich und genießt ihr Bad. Doch kaum fliegt der kleine Vogel vom Baum herunter und setzt sich neben den Teich auf die Wiese, ist es mit der Ruhe vorbei. Da beginnt ein großer Streit, den du auch in der Musik gut erkennen kannst.
„Was bist du nur für ein komischer Vogel, wenn du nicht fliegen kannst!?", spottet der kleine Vogel.
„Was bist du für ein komischer Vogel, wenn du nicht schwimmen kannst!?", quakt die Ente zurück.

Die Klarinette für die Katze

Track 06

Während des Streites bemerkt der kleine Vogel gar nicht, dass sich die Katze auf ihren Samtpfoten heranschleicht. Auch die Katze wird von einem Holzblasinstrument gespielt: von der Klarinette. Die Klarinette hat einen wunderbar weichen Klang. Und das passt ausgezeichnet zu den Samtpfoten der Katze. So kann sie unbemerkt näherkommen. Sie wird ja in unserer Geschichte versuchen, den kleinen Vogel zu schnappen.
Aber es gibt auch ein Tier, vor dem fürchtet sich selbst die Katze – vor dem Wolf! Wenn der kommt, dann klettert die Katze blitzschnell auf einen Baum, damit der Wolf sie nicht erwischen kann. Sie klettert höher und höher – und höher, und das hörst du auch in der Musik.

Drei Hörner für den Wolf

Track 07

Wenn die Katze hoch oben im Baum in Sicherheit ist, dann sollte sie lieber dort oben bleiben, denn als nächstes Tier kommt der Wolf. Und mit dem Wolf hören wir erstmals die Familie der Blechblasinstrumente:
Der Wolf wird von drei Hörnern gespielt.
Jetzt wirst du vielleicht denken: Warum von drei Hörnern? Es gibt in der Geschichte doch nur einen Wolf! Das stimmt, es gibt nur einen Wolf, aber der wird von drei Hörnern dreistimmig gespielt.
Jedes Horn spielt eine eigene Stimme. Jede der drei Stimmen, für sich allein gespielt, klingt noch gar nicht sehr bedrohlich. Wenn die drei Hörner aber zu dritt, also dreistimmig spielen, dann wird der Wolf erst so richtig gefährlich und furchterregend.
Und besonders gut ist in unserer Geschichte auch zu hören, wie der Wolf gierig nach dem Vogel schnappt.

Die Trompete für die Jäger und die Pauken für die Gewehrschüsse

Die Jäger marschieren durch den Wald. Sie sind dem Wolf auf der Spur. Ihre Melodie kannst du von einem anderen Blechblasinstrument, der Trompete, gut hören. Die Gewehrschüsse der Jäger werden im Orchester mit drei Pauken gespielt. Jede Pauke hat nur eine einzige Tonhöhe. Deshalb reicht eine Pauke allein nicht aus. Für die Gewehrschüsse muss der Paukist ganz schön kräftig die Pauken schlagen!

Track 08

Noch ein paar Instrumente

Einige Instrumente unseres Orchesters stellen kein bestimmtes Tier und keinen Menschen dar. An manchen Stellen unserer Geschichte sind sie aber sehr wichtig für den Klang der Musik.

Jetzt kennst du alle Mitwirkenden unserer Geschichte und alle Instrumente des Orchesters. Nun kann unser musikalisches Märchen „Peter und der Wolf“ beginnen!

Peter und der Wolf

Früh am Morgen öffnet Peter die Gartentür und geht hinaus auf die große, grüne Wiese.

Track 10

Auf einem hohen Baum vor der Gartenmauer sitzt Peters Freund, der kleine Vogel. „Wie still es ist!“, zwitschert der kleine Vogel fröhlich.

Track 11

Aus dem Gebüsch im Garten kommt eine Ente angewatschelt. Sie freut sich, weil Peter die Gartentür offen gelassen hat und beschließt, im Teich auf der Wiese zu baden.
Der kleine Vogel sieht die Ente, fliegt vom Baum zu ihr hinunter, setzt sich neben sie ins Gras und plustert sich auf.
„Was bist du nur für ein komischer Vogel, wenn du nicht fliegen kannst!?", sagt er.

Track 12

„Quak, was bist du für ein komischer Vogel, wenn du nicht schwimmen kannst!?“, erwidert die Ente und lässt sich ins Wasser plumpsen.
Die Ente schwimmt auf dem Teich, der kleine Vogel hüpft am Ufer hin und her und sie hören nicht auf zu streiten!

Track 13

Plötzlich macht Peter große Augen. Er sieht die Katze durch das Gras schleichen. Die Katze denkt: „Ah, der kleine Vogel streitet mit der Ente und passt nicht auf, da werde ich ihn gleich schnappen!“ Und lautlos schleicht sie auf ihren Samtpfoten näher.

„Pass auf!", ruft Peter und blitzschnell fliegt der kleine Vogel auf den Baum.
Die Ente quakt die Katze böse an.
Von der Mitte des Teiches her.
Und die Katze streicht um den Baum herum und überlegt: „Lohnt es sich, so hoch hinaufzusteigen? Bis ich oben bin, ist der kleine Vogel längst weggeflogen!"

Der Großvater ist aufgewacht und kommt aus dem Haus. Er ärgert sich, weil Peter allein auf die Wiese gegangen ist. „Das ist gefährlich!", sagt er. „Wenn nun der Wolf aus dem Wald kommt, was dann?!"
„Aber geh!", sagt Peter, „Ich habe doch keine Angst vor dem Wolf!"
Doch der Großvater nimmt Peter bei der Hand, geht mit ihm in den Garten zurück und sperrt die Gartentür zu.

Track 14

Und wirklich, kaum ist Peter fort, da kommt aus dem Wald der große, graue Wolf.
Die Katze klettert so schnell sie kann auf den Baum.
Die Ente schnattert wie verrückt und in ihrer Aufregung springt sie aus dem Wasser heraus.

Track 15

Aber so schnell sie auch läuft, der Wolf ist schneller.
Er kommt näher und näher,
noch näher,
er erreicht sie,
und dann packt er die Ente und schlingt sie hinunter. So ein Schuft!

Und so sieht es nun aus:
Auf einem Ast des Baumes sitzt die Katze.
Auf einem anderen Ast der kleine Vogel,
– weit genug weg von der Katze natürlich.
Und der Wolf zieht seine Kreise um den Baum
und starrt die beiden mit gierigen Blicken an.

Track 16

Peter steht hinter der verschlossenen Gartentür, sieht alles, was da vor sich geht, und er hat überhaupt keine Angst. Er holt ein dickes Seil aus dem Haus und klettert damit auf die Gartenmauer.
Ein Ast des Baumes, um den der Wolf herumläuft, reicht bis über die Mauer. Peter packt den Ast und klettert daran geschickt in den Baum hinüber.

„Hilf mir!“, sagt Peter zu dem kleinen Vogel. „Flieg hinab und dem Wolf immer ganz dicht an der Nase vorbei. Aber sei vorsichtig, dass er dich nicht erwischt!“
Mit seinen Flügeln berührt der kleine Vogel beinahe die Schnauze des Wolfes, der nun wütend nach ihm schnappt.
Wie der kleine Vogel den Wolf ärgert. Und der versucht, ihn zu fangen. Aber der kleine Vogel ist flinker und der Wolf schnappt ins Leere.

Inzwischen hat Peter aus dem einen Ende des Seils eine Schlinge gemacht und lässt sie vorsichtig hinunter.
Er fängt den Wolf am Schwanz und zieht die Schlinge zu.
Der Wolf merkt, dass er gefangen ist. Da springt er wild umher und versucht sich loszureißen.
Aber Peter hat das andere Ende des Seils am Baum festgebunden und je wilder der Wolf umherspringt, umso fester zieht sich die Schlinge um seinen Schwanz zusammen.

Nun aber, nun kommen die Jäger aus dem Wald. Sie sind dem Wolf auf der Spur und jetzt, da sie ihn sehen, schießen sie mit ihren Flinten.

„Halt! Nicht schießen! Seid ihr verrückt!?", ruft Peter vom Baum hinunter. „Der kleine Vogel und ich haben den Wolf doch schon gefangen! Helft uns lieber, ihn in den Zoo zu bringen!"

Track 17

Und nun stellt euch den Triumphzug vor:
Peter vorneweg!
Hinter ihm die Jäger mit dem großen, grauen Wolf.
Und am Schluss des Zuges der Großvater mit der Katze. Der Großvater schüttelt den Kopf und murmelt: „Gut, gut. Wenn aber nun Peter den Wolf nicht gefangen hätte! Was dann?"

Track 18

Über ihnen fliegt der kleine Vogel und zwitschert vergnügt: „Was wir beide, Peter und ich, für mutige Kerle sind! Seht nur, wen wir gefangen haben!“

Und wer genau hinhört, der kann die Ente im Bauch des Wolfes noch leise schnattern hören. Denn in seiner Gier hat der Wolf sie lebendig hinuntergeschluckt.

Hier geht's zum gleichnamigen Hörspiel mit Musik: